© del texto: Alberto Bautista Martínez
© del conjunto de esta edición :Editorial Universal, 2016

info@editorialuniversal.es
www.editorialuniversal.es

Primera edición

ISBN: 978-84-16659-55-5

Depósito legal: V-1681-2016

Reservados todos los derechos. El contenido de esta obra está protegido por la Ley, que establece penas de prisión y/o multas, además de las correspondientes indemnizaciones por daños y perjuicios ,para quienes reprodujeren, plagiaren, distribuyeren o comunicaren públicamente, en todo o en parte, una obra literaria, artística o científica, o su transformación ,interpretación o ejecución artística fijada en cualquier tipo de soporte o comunicada a través de cualquier medio, sin la preceptiva autorización.

INTRODUCCIÓN

Las demandas sociales van cambiando en la línea de un incremento de los servicios que se realizan, así como también dependiendo del interés en que proporcionen una respuesta más conectada con las necesidades del alumnado.

Nuestra sociedad evoluciona y nosotros no debemos quedarnos impasibles a los cambios que se van produciendo. Las exigencias y los intereses de nuestros alumnos no son los mismos que hace unas décadas y se viene advirtiendo una relevante insatisfacción en lo referente a la organización y dirección de los centros educativos, ya que se considera que la mayoría no está dando una respuesta adecuada a las necesidades de nuestra sociedad. Así pues, la estructura de los centros educativos debería ser flexible para ir adaptándose a los cambios que se van produciendo y poder atender las necesidades de nuestros alumnos.

Por consiguiente, un centro educativo versátil es la mejor propuesta para poder ir adaptándose a esos cambios. De esta manera, conseguiremos aprovechar mejor los recursos materiales y las personas que disponemos puesto que una buena organización es la clave. Los centros que tienen una estructura rígida, no conseguirán nunca satisfacer las necesidades de sus alumnos puestos que éstas van cambiando y estos centros no dan respuesta a las mismas.

El profesorado de un centro educativo versátil debe de ser capaz de distribuir el tiempo lectivo en función de sus necesidades, proyectos, las actividades impartidas... en lugar de permanecer fiel a una distribución horaria que sea inamovible que esté establecida por el profesor desde el inicio del curso.

En ocasiones, la innovación puede ocasionar un poco de miedo a lo desconocido, pero debemos afrontarlo. Una buena formación del profesorado ayudaría a superar esos miedos y a conseguir una educación de calidad. Así pues, como docentes que somos tenemos que estar continuamente formándonos e intentar ir superándonos cada vez más. Además, la evaluación del profesorado no debemos concebirla como una actividad que concluya en sí misma sino al contrario, debe constituir una de las etapas de una rigurosa planificación que esté encaminada al incremento de nuestra eficacia en el desempeño de nuestro trabajo. Por todo ello, sería conveniente desarrollar sistemas más eficaces de evaluación, la utilización de instrumentos variados y situar el contexto en un proceso de formación continua y de desarrollo profesional.

Actualmente, las instituciones educativas muestran de forma generalizada un marcado interés por la mejora de la calidad de vida que se desarrolla en sus instalaciones, así como la disponibilidad de un entorno adecuado para realizar las actividades escolares.

I

FUNDAMENTACIÓN TEÓRICA

I. Los Centros Educativos: Paradigmas y Asunciones

Se puede decir que vivimos en una Sociedad del Conocimiento que evoluciona a un ritmo vertiginoso. Por eso, si pretendemos dar respuesta a esas necesidades que van apareciendo, tenemos que crear centros educativos versátiles que vayan adaptándose a los cambios que se van produciendo.

Aquellos centros que tienen influencia taylorista, con estructuras rígidas que favorecen la obediencia y el mecanicismo, no van a cubrir las necesidades que tienen nuestros alumnos. En lugar de eso, se debe de fomentar la participación y la realización de trabajos en equipo, así como incrementar las relaciones con el entorno. Es necesario respetar los ritmos de aprendizaje de los alumnos si queremos conseguir un aprendizaje significativo y desarrollar todas sus capacidades al máximo.

También, existen las teorías clásicas y unos paradigmas que las van desafiando. Algunas de las características de estas teorías clásicas serían la defensa de una estructura jerárquica y formal, un modelo cerrado e ideal y, además, proponen un control de la organización fuerte. Por otra parte, las teorías que se enfrentan a estas teorías clásicas, se caracterizan por el rechazo al sistema cerrado.

Existen otros paradigmas organizativos: el de las escuelas eficaces, el paradigma del desarrollo organizativo, el modelo europeo para la calidad EFQM y la reingeniería de procesos como estrategia de cambio organizativo. Estos paradigmas consisten en:

- Paradigma de las escuelas eficaces: esta expresión se utiliza para nombrar un modelo educativo que tiene una estructuración fuerte y disciplinada, fuerte liderazgo, altas expectativas del profesorado así como el establecimiento de unos objetivos claros.

- El paradigma del desarrollo organizativo: se refiere al planteamiento del desarrollo institucional focalizándose en un centro educativo concreto. Además, integrará la innovación educativa, el desarrollo del currículum y profesional del profesorado.

- El modelo europeo para la calidad EFQM: se refiere a un modelo global de gestión de las organizaciones que está dirigido a conseguir la excelencia. Para ello, desarrolla la calidad institucional mediante la creación de un sistema de gestión de calidad, empleando los instrumentos y los métodos de gestión que se requieran las organizaciones modernas.

- La reingeniería de procesos como estrategia de cambio organizativo: se trata de un enfoque novedoso y está siendo analizado respeto a las organizaciones educativas. Esta reingeniería de procesos sustituirá la gestión por proyectos por la gestión por procesos, pudiendo acoger proyectos relacionados con la innovación. Por otra parte, cabe destacar dos cambios institucionales: la reducción de niveles jerárquicos y la limitación de la fragmentación de las tareas. En cuanto a las características de este enfoque destacaremos las siguientes: la implantación de sistemas de información, la creación de equipos multifuncionales y la prestación de atención específica tanto a clientes internos como a los externos.

Existe un paradigma en vanguardia conocido como cultural-pluralista que defiende la organización y dirección de centros educativos, la atención de las necesidades de los alumnos y, en general, de toda la comunidad educativa favoreciendo la apertura de los centros al entorno.

II. La organización del entorno de aprendizaje

Son varias las leyes de educación que se han promulgado estos últimos años: la LODE, LOGSE, LOE... en ellas, se nombra la autonomía institucional, así como la flexibilidad en la organización del centro y de la necesidad de los órganos de gobierno unipersonales y colegiados.

Así pues, cada centro educativo tiene que ser el responsable de redactar su propio proyecto curricular teniendo en cuenta sus necesidades. También tiene que existir un consejo escolar que será el órgano máximo de gobierno que deberá de estar formado por representantes del profesorado, padres y madres, un representante del municipio, del alumnado en los casos que sea necesario y por representantes de las organizaciones laborales que tendrán voz, pero no voto cuando se trate de un centro de formación profesional.

En cuanto a los órganos de gobierno unipersonales y colegiados estarían formados por los siguientes miembros:

- Unipersonales: estarían formados por los equipos directivos de los centros que se componen de director, jefe de estudios y secretario o cualquier otro órgano que se establezca en la legislación. Todos los miembros cesarán cuando el director acabe su mandato o cese. A continuación, veremos algunas de sus competencias:

- Fomentar la participación con las familias.
- Presidir y convocar todos los actos académicos.
- Coordinar y dirigir las actividades que se realicen en el centro.
- Ostentar la representación del centro educativo.
- Garantizar que se cumplan las leyes.

El inspector de educación será el encargado de controlar y asesorar sobre la legislación, otras de sus funciones serán:

- Supervisar la práctica docente, orientando y asesorando cuando sea necesario.
- Supervisar la función directiva.
- Participar en la evaluación del sistema educativo.
- Orientar y asesorar a los sectores de la comunidad.
- Emitir los informes que se soliciten por parte de la administración educativa.

- Colegiados: formados por el consejo escolar y el claustro de profesores. Vamos a conocer un poco más sobre ellos:

  - El consejo escolar: la administración educativa será la encargada de establecer el número de miembros que lo componen, así como el proceso de selección. Actualmente, en la legislación se establece:

- El presidente que será el director del centro.
- El jefe de estudios.
- El secretario.
- Un representante del personal de la administración y servicios del centro.
- Un representante del ayuntamiento.
- Representantes del profesorado que serán elegidos por todo el claustro y no podrán ser inferiores a 1/3 de los componentes del consejo escolar.
- Un representante de la administración y servicios del centro.
- En los casos de centros de formación profesional habrá un representante de las organizaciones empresariales o instituciones laborales.
- Un representante del personal de atención educativa complementaria, en los centros específicos de educación especial o en aquellos centros que tengan unidades de educación especial.

Entre las competencias del consejo escolar destacamos las siguientes:

- Evaluar y aprobar los proyectos y las normas de organización y funcionamiento.
- Participar en la selección del director.
- Analizar el funcionamiento del centro.
- Promover la renovación de las instalaciones.

Es imprescindible una buena organización de los espacios y del tiempo, así como de todos los recursos que se dispongan. La flexibilidad siempre debe de estar presente en la organización de un centro educativo versátil. Una de las variables más complicadas a la hora de aplicar esta flexibilidad es la del tiempo. Además, en esta organización flexible se debe incluir al alumnado que podrá tener una organización con distribución vertical u horizontal:

- Se distinguen 3 modelos de organización vertical:

  ▪ La escuela graduada:
  Es la más generalizada en la mayoría de los sistemas educativos y es de influencia taylorista. Su mayor inconveniente es el espejismo que implica respecto a la homogeneidad del alumnado.

  ▪ La escuela no graduada o de progreso continuo:
  Sustituye la homogeneidad del alumnado, que

defiende la escuela graduada, por la valoración individualizada. Además, organiza a los alumnos por grupos aunque no tiene en cuenta los grados.

- La escuela multigraduada:

Combina dos o más grados dentro de un aula y eso implica que el profesor imparta clases a más de un nivel, es lo que ocurre en las escuelas unitarias.

- Organización horizontal del alumnado, puede ser:

- Clase autónoma: donde un profesor es el encargado de impartir todas las asignaturas. No obstante, se ha flexibilizado puesto que ya entran especialistas así como otros profesores de apoyo en los casos de NEE.

- La departamentalización: se organiza a los profesores teniendo en cuenta el área de conocimiento de la asignatura que imparten. Por tanto, varios profesores tienen un mismo grupo de alumnos en horario distinto.

- La enseñanza en equipo: varios profesores tendrán a su cargo a un grupo de alumnos a los que les imparten una o varias asignaturas, esto hace que deban coordinarse.

Cuando la mayoría de las actividades se imparten en el aula, es conveniente prever una organización espacial que favorezca las diversas actividades del alumnado. Por tanto, el ambiente debe de estar diseñado de tal manera que puedan llevarse a cabo repartos flexibles del espacio con la frecuencia que sea necesaria, acomodando el aula a la diversidad de usos requerida.

Muy importante, otro de los temas que se tratan en este módulo, la evaluación del profesorado y las técnicas utilizadas para llevarla a cabo. La elección de un instrumento para evaluar puede generar tensiones entre los docentes y los organismos de la administración educativa. Podemos decir que dos son los objetivos que se pretenden conseguir a través de la evaluación de los profesores: una mayor profesionalización del docente que ayudará a mejorar la calidad de la enseñanza y, por otra parte, demostrar a la sociedad el interés del sistema educativo para rentabilizar todo el presupuesto que recibe.

En cuanto a las técnicas que se suelen utilizar a la hora de realizar la práctica docente tenemos:

- Entrevista de valoración del profesorado.
- La observación directa del profesor en su aula.
- Los test de aptitud del profesor.

- La medida del rendimiento del alumnado.
- Estimaciones de los alumnos a los que imparte clase.
- Autoevaluaciones de su aptitud.
- Revisión de colegas.

Es conveniente no ver la evaluación como algo negativo puesto que su finalidad es poder mejorar la práctica docente y la eficacia del profesorado. La figura del consultor externo puede ser de gran utilidad para el análisis de los objetivos de la escuela y la previsión de las estrategias diseñadas para alcanzarlos.

III. EL CENTRO EDUCATIVO: UNA CREACIÓN DINÁMICA EN CADA ESTABLECIMIENTO ESCOLAR

En los centros educativos contamos con el Proyecto Curricular de Centro y el Proyecto Educativo de Centro. Actualmente, se está implementando la metodología organizativa por proyectos que integra 3 fuentes de poder: el poder ligado a la posición, el poder ligado al aura personal y el poder ligado a la configuración del proyecto o reparto de tareas.

Podemos diferenciar tres tipos de organización por proyectos:

- Organización matricial: la responsabilidad es compartida por el jefe de proyecto, que necesitará tener experiencia, y por el resto de participantes.

- Organización abierta: el jefe de proyecto coordina y anima a los participantes fomentando la buena comunicación de todos los miembros. Uno de los inconvenientes más importantes es la lentitud del progreso.

- Organización cerrada: el jefe del proyecto actúa de manera autónoma por lo que provoca una falta de colaboración del resto de los miembros y reticencias.

Existen cuatro enfoques para integrar a los individuos en un proyecto:

- El paternalista o de dependencia.
- Autonomía individual o independencia.
- El crítico o de conflicto.
- Cooperación o interdependencia.

En cuanto a los factores de riesgo que tiene esta metodología por proyectos cabe mencionar los siguientes:

- La temporalización.
- La inexistencia de evaluación continua.
- La insatisfacción de los participantes.
- Falta de competencia de los agentes.
- Acontecimientos imprevistos.

Otro de los aspectos tratados en este módulo son los conflictos de los centros educativos. No debemos tomarnos un conflicto como algo negativo que hay que erradicar por completo puesto que gracias los problemas que van surgiendo en un centro se buscan soluciones. No obstante, es conveniente prevenir los problemas que se derivan de la conflictividad. Para poder resolver un conflicto necesitamos un análisis que incluya:

- La esencia del conflicto.
- El procedimiento para la búsqueda de la solución.
- La relación existente entre las diferentes partes.

El peso que las partes en conflicto atribuyan a cada una de estas dimensiones da lugar a cuatro enfoques en la resolución de conflictos:

- Ignorar la esencia del conflicto.
- Priorizar la esencia del conflicto.
- Otorgar más peso a establecer o conservar una buena relación con la otra parte, que a la esencia del conflicto.

- Conservar una buena relación entre las partes sin renunciar a los legítimos intereses en conflicto.

Se pueden emplear distintos enfoques cuantitativos y cualitativos para llevar a cabo la investigación sobre la organización y dirección de centros educativos. Se han experimentado diversos modelos de diseños que se sistematizan en 3 grupos:

- El modelo I-D-D: su finalidad es conseguir programas de acción muy estructurados.
- El modelo próximo a la escuela: una de sus características es que son abiertos.
- El modelo integrador: dispone de una primera en la que se definen las perspectivas fundamentales y en la segunda la aplicación.

En cuanto a las limitaciones de las investigaciones que se realizan relacionadas con la investigación y la dirección de los centros educativos encontramos las siguientes:

- Se recurre fácilmente a indicadores de medición cuantitativa.
- Excesiva simplificación.

- Examinación de prácticas organizativas y directivas.

- Con excesiva frecuencia se recurre a indicadores de medición cuantitativa, que conducen a un estudio analítico de dimensiones escasamente conceptualizadas.

- Se dirige en mayor medida a la elaboración estructural que, a la elaboración personal, en la terminología de Fenstermacher.

IV. PROSPECTIVA DE LAS INSTITUCIONES EDUCATIVAS

En el último cuarto del siglo XX, varios países incluyendo a España, iniciaron a través de las instituciones de educación a distancia la oferta de una segunda oportunidad de estudio para las personas que abandonaron sus estudios a una edad temprana siendo su finalidad:

- Incrementar la accesibilidad de todos los sujetos a la enseñanza en todos sus niveles.
- Favorecer la autoformación de adultos.
- Poner a punto un tipo de centro educativo, que liberase al alumnado de la necesidad de adaptarse a determinadas coordenadas de espacio y tiempo.

Estos centros de educación a distancia, proporcionaran oportunidades a gran escala para:

- La educación reglada.
- La educación permanente.
- La actualización profesional, enfatizando el aprendizaje autónomo de los alumnos.

Es conveniente la reconceptualización del rol del profesor puesto que, aunque el profesorado venga adoptando una posición de control sobre la secuencia apropiada del aprendizaje del alumno, convirtiéndole en un ser pasivo, se ha enfatizado que el ideal de la educación sería:

El aprendiz individual completamente autónomo (Bagnall, p.93)

Cuando analizamos la organización y dirección de los centros educativos podemos percibir una doble línea:
- La perspectiva técnico-racional.
- La perspectiva interpretativa-critica.

En la actualidad, todavía existen centros con un sistema cerrado donde sus miembros tienen vetada la participación donde podemos ver modelos organizativos rígidos frente a los adaptativos. Así pues, lo que se debe de buscar es un paradigma integrador.

A continuación, indicaremos algunas consideraciones de un paradigma integrador:
- Su complejidad sólo es analizable desde planteamientos científico-epistemológicos flexibles.
- De configuración versátil.

- Normalmente, constituyen sistemas débilmente articulados.
- Son centros donde emerge una cultura específica.
- Los centros educativos son organizaciones complejas.
- Se establecen relaciones colaborativas de trabajo.
- La toma de decisiones se enfoca hacia la constitución de comunidades escolares reflexivas.
- Son centros abiertos a su entorno.

En cuanto a los centros educativos virtuales, se consideran entornos organizativos innovadores puesto que emplean las nuevas tecnologías y otros materiales de educación a distancia. Estos centros permiten una gran flexibilidad en el horario lo que permite que muchas personas puedan organizar mejor sus estudios o incluso compaginarlos con el trabajo.

II

PROPUESTA PARA UNA ORGANIZACIÓN Y DIRECCIÓN INNOVADORAS DE UN CENTRO EDUCATIVO

I. Características del centro educativo

La propuesta para una organización y dirección innovadoras de un centro educativo está destinada para un instituto de educación secundaria obligatoria. Se trata de un centro versátil cuya finalidad es la mejora de la calidad educativa.

El centro se encuentra en una población de 90000 habitantes, en un barrio con un nivel socio cultural bajo-medio. El horario es de 8 de la mañana hasta 15h de la ininterrumpidamente y hay matriculados 1035 alumnos. El equipo directivo está formado por: un director, una subdirectora, un jefe de estudios y un secretario. Todos ellos tienen una buena disposición para realizar cambios en el centro siempre que sea en beneficio de la comunidad educativa y de los alumnos. Respecto al claustro de profesores, está formado por 83 docentes que imparten distintas asignaturas.

El centro tiene unos 50 años por lo que las infraestructuras están bastante deterioradas. Se dispone de: 3 aulas de informática y 1 portátil, un despacho del equipo directivo, 1 despacho para cada departamento, 4 aseos de hombres y 4 de mujeres, 1 despacho del psicólogo, 36 aulas para impartir docencia, 1 sala de usos múltiples, 1 gimnasio, 1 biblioteca, varios laboratorios, 2 aulas de dibujo, 3 aulas de idiomas, 2 aulas de tecnología, 2 aulas de música, 1 conserjería, 1 cafetería y un patio.

En cuanto a los recursos materiales, el centro dispone de proyectores en todas las aulas y en la mitad de ellas hay una pizarra digital. Por tanto, podemos decir que se cuenta con recursos materiales que fomentan el uso de las NNTT.

II. Descripción de la propuesta

Nos encontramos inmersos en una etapa de evolución tecnológica cuya característica fundamental es la rapidez y la innovación constantes. Una vez más la educación como ha ocurrido con la aparición de otros medios técnicos ha visto en las nuevas tecnologías la panacea para remediar sus problemas.

Sin embargo, su implantación se ha centrado en el terreno de la información y no del conocimiento, de ahí el escaso avance de sus potencialidades educativas.

La propuesta de intervención se concreta en la actuación para los siguientes ámbitos:

- Alumnado
- Profesorado

- Equipo directivo
- Acción Inspectora

La sociedad de la información y conocimiento en la que estamos inmersos nos lleva a otras formas de alfabetización, siendo la alfabetización digital de gran importancia para el desarrollo de las competencias básicas, estableciéndose una relación estrecha entre la competencia digital y tratamiento de la información y el resto de competencias básicas.

III. JUSTIFICACIÓN DE ESTA PROPUESTA

En 1997 la Organización para la Cooperación y el Desarrollo Económico (OCDE) inició el denominado Proyecto de Definición y Selección de Competencia (DeSeCo), con el objetivo de analizar las competencias que se consideran necesarias para los ciudadanos del mundo moderno, es decir, los prerrequisitos psicosociales para un buen funcionamiento de la sociedad. La amplia participación de expertos académicos e instituciones permitió la identificación de un grupo pequeño de competencias clave clasificadas en tres amplias categorías: usar herramientas de manera interactiva, interactuar en grupos heterogéneos y actuar de forma autónoma.

En 2005 la Comisión Europea presentó una serie de recomendaciones sobre el aprendizaje permanente, proponiendo ocho competencias clave entre las que incluyó la competencia digital, que definió como el *"uso seguro y crítico de las tecnologías de la sociedad de la información (TSI) para el trabajo, el ocio y la comunicación. Se sustenta en las competencias básicas en materia de TIC: el uso de ordenadores para obtener, evaluar, almacenar, producir, presentar e intercambiar información, y comunicarse y participar en redes de colaboración a través de Internet"*.

En nuestro país es en el año 2006, con la Ley Orgánica de Educación, cuando *Tratamiento de la Información y Competencia Digital* pasa a formar parte del currículo prescriptivo. De este modo, es considerada, junto con otras siete competencias básicas, como aprendizaje imprescindible que los estudiantes deben alcanzar al terminar la escolarización obligatoria. El currículo presenta una explicación de cada una de estas competencias y en referencia a Tratamiento de la Información y Competencia Digital, indica que consiste en *"disponer de habilidades para buscar, obtener, procesar y comunicar información, y para transformarla en conocimiento. Incorpora diferentes habilidades, que van desde el acceso a la información hasta su transmisión en distintos soportes una vez tratada, incluyendo la utilización de las tecnologías de la información y la comunicación como elemento esencial para informarse, aprender y comunicarse. El tratamiento de la información y la competencia digital implican ser una persona autónoma, eficaz, responsable, crítica y reflexiva al seleccionar, tratar y utilizar la información disponible, contrastándola cuando es necesario, y respetar las normas de conducta acordadas socialmente para regular el uso de la información y sus fuentes en los distintos soportes".*

Con este breve recorrido, se observa como la integración de las TIC en las aulas ha pasado de ser sólo recomendable a hacerse imprescindible. Los tipos de habilidades que los ciudadanos necesitan están cambiando rápidamente y los sistemas de educación deben adaptarse para dotar a los jóvenes de las competencias necesarias. La competencia digital es cada vez más importante, no sólo como una habilidad en sí misma, sino también como facilitadora de otras habilidades como el trabajo en equipo, aprender a aprender, etc. La tecnología no sólo estimula la creatividad y la innovación, sino que también contribuye al diálogo intercultural y juega un papel importante en la superación de problemas de aprendizaje individuales.

La realidad social se reproduce en la escuela. Lo que significa que cada una de nuestras escuelas debe atender diferentes necesidades educativas, en función de la población que escolariza y del contexto social en el que desenvuelve su trabajo. Y si se acepta esta premisa, habrá que aceptar la autonomía de la escuela para que ésta pueda cumplir con las funciones que tiene encomendadas. El mismo planteamiento es válido para la supervisión. No hace tantos años que los inspectores debían controlar para garantizar que todas las escuelas "eran iguales". Es decir, que en ellas se cumplía el mismo programa, de la misma manera, con horarios similares, con organización idéntica... Los niños presentan una gran diversidad; los contextos y grupos sociales, también. El centro deberá ser versátil para poder adaptarse a los cambios necesarios y poder ofrecer respuestas adecuadas a esa diversidad de situaciones personales y sociales

Desde los años 70 este Ministerio de Educación elabora periódicamente estudios e informes que describen, de forma detallada, el sistema educativo español, haciendo accesibles los resultados de las investigaciones en educación a las administraciones y comunidades educativas, así como a todos los posibles interesados. Según los análisis publicados, junto con los incorporados en el marco de los sucesivos Informes PISA y las conclusiones de los numerosos trabajos de investigación realizados en el paradigma de la eficacia escolar se deduce que, en general, los resultados promedio de los alumnos y alumnas son de nivel medio-bajo en las principales competencias básicas.

Nuevamente se deja patente la necesidad de trabajar la consecución de las competencias básicas. Este proyecto, además de mejorar la competencia básica del alumnado se extiende a profesorado, centro educativo y equipo directivo.

Hay que considerar que el absentismo escolar es la respuesta de un determinado alumno a una situación de aprendizaje que le ofrece el centro educativo; y que, en dicha respuesta, puede haber, en primer lugar, una serie de factores predeterminantes entre los que habría que mencionar factores psicológicos del alumno (baja autoestima, ausencia de habilidades sociales, etc.) o causas sociológicas, como la pertenencia a un determinado colectivo, a una minoría étnica, o a otras características sociales. En segundo lugar, habría que considerar otra serie de factores detonantes tanto primarios como secundarios, como el desencuentro entre los intereses del alumno y los de la escuela, y un cierto grado de complicidad por parte de la familia o del grupo de iguales, complicidad que viene a reforzar la respuesta absentista por parte del alumno.

Tres son los elementos que deben revisarse desde el propio centro para analizar su repercusión en las conductas absentistas: el currículo, la organización del propio centro y el tipo de relaciones que se establecen en el mismo. No cabe duda que un plan de estudios marcado por el academicismo y la abstracción, muy alejado de los intereses vitales de muchos de los alumnos, sobrecargado de contenidos y materias incide directamente en las actitudes de los alumnos hacia el centro; lo mismo hay que decir de la rígida organización de los Institutos, de su inflexibilidad horaria, de reglamentos "de régimen interior"; o de la falta de relación humana que puede darse demasiadas veces entre los alumnos y sus profesores, muchas veces por falta de tiempos y de espacios que las hagan posibles, o de las relaciones basadas en el modelo "dominio-sumisión".

Ante todo ello, hay que considerar que los alumnos son nativos digitales que se sienten mucho más identificados e integrados en un sistema que trabaja desde la perspectiva de las competencias digitales en las nuevas tecnologías de la información y del conocimiento. Pero para ello, se necesitan modelos de centros con la mentalidad para desarrollar proyectos que integren la realidad social de los alumnos en las aulas. Todo ello posible si el profesorado, inmigrante digital, también cuenta con las competencias digitales necesarias.

IV. La competencia digital y el tratamiento de la información

Para entender el alcance de la aplicación de las nuevas tecnologías en el ámbito educativo y más concretamente el curricular, hay que considerar las tres grandes áreas que las configuran: la electrónica, la informática y las telecomunicaciones. La electrónica se desarrolló desde aplicaciones analógicas como el teléfono, la radio o la televisión, más tarde la digitalización y la informática, proporcionaron sistemas más abstractos que han mejorado los sistemas de almacenamiento, manipulación y transmisión de la información y finalmente las telecomunicaciones han hecho posible la capacidad de interconexión entre los diferentes recursos.

Actualmente, vivimos en una sociedad digital en todos los ámbitos, desde el mundo laboral, empresarial, comercios, ocio, sanidad, educación. La competencia digital se puede comparar con la alfabetización actual, y por ello se convierte, no solamente en una competencia básica, sino clave para acceder al mundo del conocimiento.

Es un hecho que la sociedad del conocimiento necesita un tipo de educación para una ciudadanía más emprendedora, creativa y socialmente activa. El mercado laboral, que ha sentido intensamente la revolución de las nuevas tecnologías, necesita de trabajadores que se adapten a su flexibilidad y cambios constantes, lo que ha otorgado una valoración sin precedentes a la necesidad del "aprendizaje a lo largo de la vida", y ha potenciado la incorporación de las TIC en los sistemas de formación.

Si se profundiza en su conceptualización, la competencia digital y tratamiento de la información consiste en disponer de habilidades para: por un lado buscar, obtener, procesar la información y transformarla en conocimiento y por otro lado, usar las tecnologías de la información y la comunicación (TIC) como generadoras y transmisoras de conocimiento y como medio de comunicación. Por tanto, las TIC nos ayudarán a:

- Buscar, obtener, procesar y comunicar información para transformarla en conocimiento.

- Acceder a la información y transmitirla en distintos soportes una vez tratada, incluyendo la utilización de las tecnologías de la información y la comunicación como elemento esencial para informarse, aprender y comunicarse.

- Búsqueda, selección, registro y tratamiento o análisis de la información.

- Utilizar técnicas y estrategias diversas para acceder a la información según la fuente a la que se acuda y el soporte que se utilice (oral, impreso, audiovisual, digital o multimedia).

- Dominar lenguajes específicos básicos (textual, numérico, icónico, visual, gráfico y sonoro) y de sus pautas de decodificación y transferencia.

- Aplicar en distintas situaciones y contextos el conocimiento de los diferentes tipos de información, sus fuentes, sus posibilidades y su localización, así como los lenguajes y soportes más frecuentes en los que ésta suele expresarse.

- Transformar la información en conocimiento.

- Comunicar la información y los conocimientos adquiridos empleando recursos expresivos que incorporen, no sólo diferentes lenguajes y técnicas específicas, sino también las posibilidades que ofrecen las tecnologías de la información y la comunicación.

- Utilizar las NNTT en su doble función de transmisoras y generadoras de la información y conocimiento.

- Manejar estrategias para identificar y resolver los problemas habituales de software y hardware que vayan surgiendo.

- Aprovechar la información que proporcionan y analizarla de forma crítica mediante el trabajo personal autónomo y el trabajo colaborativo.

- Utilizar las NNTT como herramienta para organizar la información, procesarla y orientarla para conseguir objetivos y fines de aprendizaje, trabajo y ocio previamente establecidos.

- Hacer uso habitual de los recursos tecnológicos disponibles para resolver problemas reales de modo eficiente.

- Evaluar y seleccionar nuevas fuentes de información e innovaciones tecnológicas a medida que van apareciendo, en función de su utilidad para acometer tareas u objetivos específicos.

- Seleccionar, tratar y utilizar la información y sus fuentes, así como las distintas herramientas tecnológicas.

- Adquirir una actitud crítica y reflexiva en la valoración de la información disponible.

El acceso a toda esta serie de habilidades, capacidades o estrategias, que permiten el desarrollo de la competencia digital y el tratamiento de la información, ha de garantizarse desde la contribución de cada una de las áreas y materias en cumplimiento de las disposiciones educativas vigentes.

Por todo ello, el sistema educativo debe incorporar las TIC desde perspectivas diferentes: como **objeto de aprendizaje** cuando el objetivo es la adquisición de conocimientos relacionados con el uso adecuado de las herramientas tecnológicas; como un **medio para aprender** cuando se utilizan enfocadas fundamentalmente al acceso y transmisión de la información; y finalmente cuando se encuentran **integradas en el proceso de aprendizaje** y responden a un planteamiento pedagógico para un aprendizaje dirigido y orientado a la consecución de metas predefinidas y al desarrollo de capacidades en el alumnado.

El desarrollo de la competencia digital y tratamiento de la información se produciría desde la interacción de esas diferentes perspectivas en la planificación e implementación curricular y desde la contribución del trabajo en cada una de las áreas y materias.

Aunque no existen resultados de investigación que vinculen el uso de las TIC a la mejora significativa de los rendimientos escolares, se ha observado que su utilización en el aula mejora la motivación e implicación en la tarea, favorecen el espíritu de búsqueda, el trabajo colaborativo, mejora los niveles de integración del currículo, facilitan la atención a la diversidad, fomenta la creatividad y la autonomía en el aprendizaje, en lo que se refiere al alumnado.

Pero además, facilita otros elementos que posibilitan la introducción de cambios en la práctica del profesorado como son: la búsqueda de material didáctico (el libro de texto no es la única herramienta), facilita la comunicación de experiencias entre profesionales, la evolución a metodologías de trabajo más orientadoras, el desarrollo de tareas más planificadas, más cercanas a los contextos reales y de niveles de ejecución más complejos que las actividades tradicionales, así como la utilización de "andamios cognitivos", o lo que es lo mismo elementos estructurados para registrar y analizar información (tablas comparativas, mapas conceptuales, diagramas, esquemas, etc.).

Todo lo expuesto, está relacionado con las posibilidades de mejora que aportan las nuevas tecnologías a la práctica docente, pero no se puede obviar que existen también cuestiones que obstaculizan su uso como herramienta educativa y por tanto, su eficacia.

Las principales dificultades se encuentran en los diferentes grados de formación que presenta el profesorado, la disponibilidad de recursos, la necesidad de tiempos para la programación y planificación y el mantenimiento de los equipos y recursos tecnológicos, la línea de actuación de los equipos directivos, entre otros.

V. LA COMPETENCIA DIGITAL EN LAS AULAS

El desarrollo de la competencia digital no se logra de manera automática al hacer posible la utilización de herramientas TIC, sino que es necesario alcanzar habilidades relacionadas con tales herramientas además de una actitud crítica en la creación y utilización de contenido, privacidad y seguridad, así como uso ético y legal. De este modo, los estudiantes deben aprender a utilizar y ser creativos con las herramientas digitales y los medios de comunicación en diferentes campos temáticos, teniendo en cuenta las consideraciones específicas de algunas materias.

Las aplicaciones informáticas de carácter multimedia incorporadas a las aulas aportan grandes ventajas, dadas sus múltiples funciones, desde la gran capacidad de almacenamiento y de acceso a todo tipo de información, hasta la posibilidad de representar modelos de sistemas inaccesibles. Con la llegada de las TIC, y sobre todo con Internet, los materiales didácticos y los demás recursos de apoyo a la educación se han multiplicado de manera exponencial y han mejorado sus prestaciones, facilitando la contextualización de los contenidos y un tratamiento más personalizado de los alumnos, así como una mayor autonomía y calidad en sus aprendizajes, ya que además de facilitar información, canales de comunicación e instrumentos de productividad para un mejor proceso de la información, actúan como instrumentos cognitivos que pueden apoyar y expandir su capacidad de pensamiento.

Se puede distinguir varios niveles de integración de las TIC en las aulas:

a) Instrumento para la gestión administrativa y tutorial.

b) Alfabetización en TIC y su uso como instrumento de productividad: uso de los ordenadores y programas generales (editor de textos, navegador...).

c) Aplicación de las TIC en el marco de cada asignatura: función informativa, transmisora e interactiva de los recursos TIC específicos de cada área y de los materiales didácticos.

d) Uso de las TIC como instrumento cognitivo y para la interacción y colaboración grupal.

VI. COMPETENCIA DIGITAL DEL ALUMNADO

Los alumnos actuales son nativos digitales. Se podría decir irónicamente que han nacen ratón en mano y son los docentes los que, generacionalmente descolocados y criados a la sombra de la pizarra de cera, se esfuerzan en actualizarse, en encontrar su hueco digital, casi siempre por detrás.

Esta es una de las causas sociales que se viven en la sociedad actual de cambios en la que cada vez cobran más importancia la informática, las telecomunicaciones y la comunicación audiovisual y en la que cada vez hay más tareas que podemos (y debemos) realizar ante un ordenador.

VII. Competencia digital de los docentes

Las ventajas que las TIC ofrecen a la educación y su capacidad para solucionar problemas como la falta de motivación del alumnado, puede tentar a los docentes a su incorporación a las aulas sin una profunda reflexión sobre su funcionalidad y su metodología. La rentabilidad de las TIC no sólo depende de éstas, sino más bien de su adecuada utilización, tanto por parte del profesorado como del alumnado.

Es imprescindible que los docentes también posean cierta competencia digital, por tanto, la formación del profesorado debe incluir la competencia digital enfocada a la enseñanza y no basarse únicamente en habilidades de usuario de las TIC. La competencia digital debe ser parte de la formación docente inicial y la formación permanente, proporcionándoles la formación necesaria para mejorar a lo largo de su carrera y ofrecerles las herramientas y el apoyo que necesitan para hacer su trabajo bien.

Aunque la mayoría de los docentes tienen propensión a mantener sus pautas de actuación y adaptarlas a las nuevas circunstancias, la motivación del profesorado y su actitud positiva hacia la innovación con las TIC aumentará a medida que aumente su formación instrumental-didáctica y descubra eficaces modelos de utilización de las TIC que pueda reproducir sin dificultad en su contexto y le ayuden realmente en su labor docente (mejores aprendizajes de los estudiantes, reducción del tiempo y del esfuerzo necesario, satisfacción personal, etc.).

La creación de comunidades virtuales de docentes que compartan recursos (apuntes, materiales didácticos, etc.) e intercambien buenos modelos de utilización didáctica de las TIC, puede contribuir a reducir el esfuerzo docente que requiere un buen uso educativo de las TIC. En este sentido, se están desarrollando rápidamente herramientas sociales que permiten la creación continua de nuevas comunidades, un ejemplo de ello es la Red social Internet en el aula2. Estas nuevas comunidades y plataformas tecnológicas son lugares importantes para el aprendizaje de las TIC, ya que se reúnen los conocimientos de los diferentes usuarios y motivan a la gente nueva en el uso de las TIC.

Las Administración Educativa de la Comunidad Valenciana y algunas empresas e instituciones en Internet ofrecen gratuitamente a la comunidad educativa portales con abundantes materiales didácticos interactivos, como es el caso de *Mestre @ Casa*. Por otra parte, algunas editoriales y empresas de servicios educativos están creando en Internet completas plataformas de contenidos en red que proporcionan materiales de apoyo (información multimedia, simuladores, ejercicios de autocorrección...) para los temas principales de asignaturas de cada uno de los cursos de la enseñanza obligatoria y bachillerato. El hecho de que el profesorado sepa que para cualquier tema va a encontrar buenos recursos didácticos, supone un valor añadido que aumenta la funcionalidad de estas plataformas. Además de los materiales propiamente didácticos, en Internet hay muchas páginas web no específicamente educativas pero que, en determinadas circunstancias también pueden realizar una buena labor formativa.

VIII. La dirección, un elemento determinante

Los procesos de cambio y mejora en las instituciones escolares requieren de una dirección que ejerza el liderazgo efectivo en el centro y que sepa trabajar en equipo, aunando voluntades y esfuerzos y sabiendo implicar y delegar en el marco de un proyecto común con objetivos y procedimientos claros. Una dirección meramente administrativa y rutinaria, sin un proyecto bien definido y con un ejercicio centralizado o autoritario de las funciones directivas, no sólo no contribuye a la mejora, sino que supone un impedimento para ella.

El interés y motivación de desarrollo de la competencia digital dependen en gran medida de la dirección del centro. A la vista está, que hay centros que centran sus recursos en proyectores, ordenadores, pizarras digitales y que fomentan el uso de plataformas educativas entre los alumnos y profesorado, por ejemplo, con el uso de blogs y moodle.

IX. Cambios en la organización y funcionamiento de los centros

Para favorecer la adquisición de las competencias básicas y el modelo didáctico coherente, los centros cuentan con el Reglamento de Organización y Funcionamiento en el que, con esta nueva perspectiva, determinarán:

- la articulación y coordinación del profesorado;

- las formas y ámbitos de participación del alumnado en la dinámica del centro y en el propio proceso de aprendizaje;

- las formas de relación entre los integrantes de la comunidad educativa;

- las vías de resolución de los conflictos tanto entre el alumnado como entre el profesorado y el alumnado;
- los derechos y deberes de los miembros de los colectivos de la comunidad escolar y la implantación de las normas escolares;
- la colaboración y participación de las familias
- la organización y uso de los recursos didácticos, especialmente de la biblioteca escolar y de los medios tecnológicos de información y comunicación.

La mejora en los en los resultados educativos ha de ser esencialmente un proceso impulsado, coordinado y seguido desde los propios centros educativos. Los cambios educativos deben organizarse y gestionarse a nivel interno, atendiendo al conjunto de los colectivos implicados (familias, alumnado, profesorado,...) y afectando a las diversas dimensiones de la acción educativa (recursos, organización, currículo,...).

Ello no quiere decir, sin embargo, que los procesos de innovación y mejora no puedan ser estimulados y apoyados desde fuera, pues de hecho esa estimulación y apoyo son dos factores críticos para su éxito. Lo que nos muestra el análisis de los llamados "centros eficaces" es que para lograr su eficacia debieron emprender procesos de cambio interno, planificados con perspectiva, consensuados y desarrollados colectivamente.

Vamos a analizar la filosofía de trabajo actual de los centros:

> ¿Qué prima, aún, en la mayoría de los colegios e institutos?

- Una enseñanza basada en transmisión de datos, no conocimiento.

- Una enseñanza estructurada en lecciones.

- Se aprenden contenidos de forma mecánica, no su algoritmo asociado de cómo aprender a hacer.

- Se da más importancia a la gramática que a la comunicación.

- Se enseña lengua extranjera pidiendo que se rellenen huecos de una frase.

- Etc.

Cuando se dan estas situaciones...el escenario suele ser similar al siguiente:

Lo que deja patente que, no siempre, la escuela está preparando para la vida.

Por otra parte, en la mayoría de los centros se sabe y se practica lo siguiente:

> Las notas lo rigen todo

Los alumnos se esfuerzan y se concentran para los exámenes. Los conocimientos se adquieren para reproducirlos en un examen, no para un valor de uso en la vida cotidiana y futura.

En este contexto, la se debería llegar a la conclusión de que *"El conocimiento academicista es hoy irrelevante."* ¿Por qué? Pues porque estamos en la Sociedad del Conocimiento, los medios escritos, audiovisuales e Internet han desbancado a la escuela del papel exclusivo de transmisora de conocimientos, y por tanto hay que pasar del modelo que centraliza el conocimiento en el profesor y los libros de texto, a un modelo donde el centro es el propio alumno.

El Currículum es una selección de conocimientos. Es por ello clave que se base en conocimientos y habilidades superiores.

Todo lo anterior fundamenta la incorporación de las Competencias Básicas al Currículo, de modo que "**Un conocimiento lleva a la competencia cuando nos habilita para resolver un problema**".

¿Qué implicaciones tiene aceptar que la escuela de hoy es INCLUSIVA y que las Competencias Básicas son la finalidad del Sistema Educativo?

1. **El tipo de escuela debe cambiar.** Para una escuela inclusiva, multicultural, bilingüe, inmersa en las TICs, que vive la coeducación, abierta al entorno, la organización, la práctica docente y la mentalidad del profesorado, deben adaptarse.

    - Ya no se da clase a un grupo homogéneo.
    - Hay que aprovechar todas las vías competidoras como recursos educativos: medios de comunicación, informática, Internet, aprendizajes informales, posibilidades multimedia,..
    - El papel y ocupación del profesor deben cambiar desde la transmisión de conocimientos hacia la organización y dirección de las actividades y tareas del alumno.

2. **El currículum debe ser integrado.** Puesto que las situaciones a las que se va a enfrentar el alumno/ciudadano no son de una sola disciplina, en la escuela hay que avanzar hacia la integración de las disciplinas. El cambio de paradigma conlleva

pasar de una enseñanza basada en lecciones a una enseñanza basada en tareas, y en las tareas se mezclan cuestiones, datos, habilidades, etc., de varias áreas o materias. Para ir integrando el currículo: aprovechar la globalización, agrupar materias en ámbitos, programación conjunta, tareas integradas,..

3. **Primacía de la actividad del alumno.** El alumno no escucha/lee para memorizar, sino para saber hacer (resolver) algo. Por eso la enseñanza debe pasar de la estructura de lecciones a la de tareas:

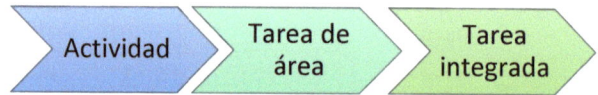

El conocimiento es para aplicarlo en la vida, no para reproducirlo en un examen Deben primar las tareas integradas, que activan los procesos mentales, en actividades con sentido, en contextos reales o lo más aproximado (TIC) y las repeticiones rutinarias han de ser las menos posibles.

4. **Aprendizaje cooperativo.** El aprendizaje colaborativo o cooperativo, es decir, los trabajos en equipo, en los que incluso se pueda vincular a las familias, debe ser la estrategia metodológica fundamental, clave.

Aunque los trabajos en equipo pueden alterar el control conseguido, sobre todo al iniciar al alumnado en esta clase de trabajos, son muy eficientes y ayudan a desarrollar la autonomía y la responsabilidad del propio aprendizaje. Además, la interacción entre iguales tiene un alto valor didáctico. Para aprovecharlo el profesor debe dirigir los grupos, variando su formación, cambiando al portavoz, etc. Aprovechando las habilidades adquiridas con la competencia digital, la mayoría de las herramientas Web 2.0 permiten el trabajo colaborativo por parte de los alumnos.

5. **Evaluación formativa de las Competencias Básicas.** Los modelos e instrumentos de evaluación son los que marcan cómo estudia (se prepara) el alumno, es fundamental que sean acordes a la finalidad del desarrollo de Competencias Básicas. En otras palabras, las tareas integradas, con las que desarrollamos las CC. BB., deben ser evaluadas tan seriamente como ahora lo son los controles o exámenes. Pero debe ser una evaluación formativa: menos calificación (sólo la necesaria) y más información sobre debilidades y fortalezas.

6. **Socialización rica.** Implica ser socializado en contacto con la diversidad, en coeducación e interculturalidad. Para ello hay que superar el trabajo sólo en el marco del aula, promover las salidas y la participación de personas de fuera, tanto familiares como de otras instituciones. El trabajo cooperativo y las comunidades de aprendizaje son muy efectivos.

7. **Uso sistemático de las TICs.** Las TICs serán la base del mundo en el que deben desenvolverse como adultos los actuales alumnos. Representan un medio de alto valor didáctico, motivador y muy válido para todas las situaciones, todas las áreas. Además, se prestan muy bien para las tareas integradas, y pueden acercar la imagen más cercana a la realidad (situaciones virtuales). Sin abandonar la pizarra tradicional, el ordenador, el proyector, la pizarra digital interactiva, etc. deben ser complementos cotidianos para el proceso de enseñanza-aprendizaje.

Estos planteamientos han de repercutir en las tres fases de la práctica docente:

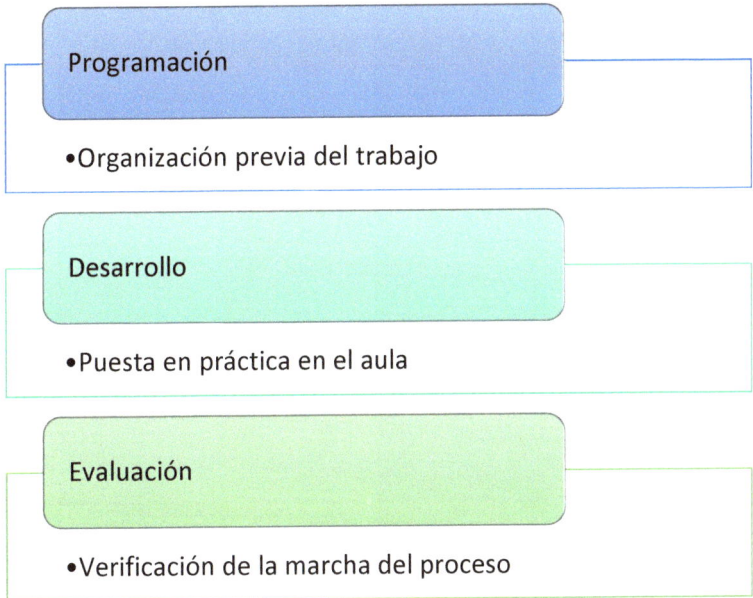

Los cambios en los centros educativos son complejos y han de atender a numerosas variables, de ahí que el **asesoramiento técnico** "con efectos de innovación, formación y cualificación derivados de las acciones de supervisión y evaluación", adquiera, en este caso, un **especial protagonismo** y tenga que dirigirse a facilitar la incorporación progresiva de aquellos elementos para la innovación que requiere la integración de las TIC en los centros. Desde este asesoramiento técnico se orientará la adecuación de sus respectivos proyectos educativos, la mejora de la práctica docente, la optimización de los recursos y, en definitiva, la utilización de las TIC como una herramienta más para acceder al conocimiento que contribuya a la mejora de los rendimientos de nuestros escolares y de la calidad de la enseñanza que reciben.

X. Evaluación

Para evaluar el grado de desarrollo de la propuesta de organización y dirección llevaba a cabo sobre la consecución de la competencia digital en los centros se adoptará la filosofía de que **la escuela necesita instrumentos para trabajar y no documentos para archivar.**

En este sentido, se vigilará que:

a) **La programación**. Es conocido que muchos niños, con las cuentas, no saben lo que están haciendo, aprenden un proceso mecánico donde no son conscientes de manejar cantidades, pierden el sentido de la situación problemática y dan con frecuencia resultados imposibles o inverosímiles. A muchos profesores les ocurre lo mismo con las programaciones:

manejan objetivos, criterios evaluación, competencias básicas, etc. sin saber lo que están haciendo, qué sentido tienen y para qué usarlos. Al copiar de la editorial no se paran a pensar en las relaciones ni en la utilidad, en muchos casos no saben de dónde vienen los objetivos, o recogen criterios de evaluación que luego no utilizan.

b) **Desarrollo**. Una práctica docente acorde con los planteamientos pedagógicos actuales no puede seguir con los arcaicos métodos del paradigma academicista: exposiciones o apuntes, realización de simples cuestiones o ejercicios y controles sobre los contenidos.

¡No ha de importar cuan buena es la enseñanza, sino cuan buenos son los aprendizajes!

La didáctica viene condensada en las orientaciones metodológicas del currículo: motivación, actividad del alumno, referencia al contexto, trabajo colaborativo, atención a los diferentes ritmos de aprendizaje, empleo de las TICS, etc., son sus premisas.

c) **Evaluación.** A partir de la Evaluación Inicial, que informa de la situación de partida:

- *Continua*, porque se lleva a cabo constantemente, a través de la observación sistemática de todas las realizaciones del alumno.

- *Criterial*, porque toma como referente los indicadores que suponen los criterios de evaluación.

- *Formativa*, porque sirve para informar al alumno sobre sus fortalezas y debilidades, explicándole los errores y cómo corregirlos.

Hay que aceptar que la evaluación tiene mala imagen cuando se trata de aplicarla a la totalidad del sistema y no sólo al alumnado (que es casi el único que se deja evaluar).

Un cambio en el modelo evaluativo (en muchos casos sólo verificador, negativo, clasificador, finalista, con poca virtualidad para la mejora real...) y se transforma en una herramienta válida para perfeccionar el quehacer educativo en general (en el funcionamiento del centro, en el modelo de enseñanza, en el aprendizaje del alumno, en la participación activa y positiva de las familias y otros agentes sociales, en el ejercicio de la dirección...), ambas imágenes (evaluación/supervisión) cambiarán y se transformarán en medios aceptados y asumidos como imprescindibles para conseguir la calidad educativa pretendida.

XI. CONCLUSIONES

La sociedad de la información y conocimiento en la que estamos inmersos nos lleva a otras formas de alfabetización, siendo la alfabetización digital de gran importancia para el desarrollo de las competencias básicas, estableciéndose una relación estrecha entre la competencia digital y tratamiento de la información y el resto de competencias básicas.

La competencia digital debe ser una prioridad en lo que a las estrategias de aprendizaje se refiere, ya que las tecnologías de la información y la comunicación se están convirtiendo en un elemento cada vez más importante para la vida, el aprendizaje y el trabajo en todos los ámbitos.

Son numerosas las ventajas que ofrecen las TIC, aunque no podemos olvidar que también conllevan algunos riesgos, por lo que su integración en las aulas debe darse de manera global, con el objetivo de que los estudiantes manejen las herramientas digitales de manera crítica, con confianza y creatividad, pero también con atención a la seguridad y privacidad.

Los cambios que se están produciendo en las aulas exigen también un cambio en la formación docente inicial y permanente, que permita su capacitación y mejora profesional. La creación de comunidades virtuales y plataformas educativas son de gran ayuda en la contribución a la evolución y desarrollo educativo. Toda innovación exige poder (capacidad, medios), saber hacer (competencia) y querer, por lo que lograr que los alumnos alcancen la competencia digital deseada exige un esfuerzo de toda la comunidad educativa.

En la actualidad, el concepto de competencia digital se reforma con la aparición y el uso de nuevas herramientas de informática social, que dan lugar a nuevas habilidades relacionadas con la colaboración, intercambio, apertura, reflexión, formación de la identidad, y también a los desafíos tales como la calidad de la información, confianza, responsabilidad, privacidad y seguridad.

"Pintar como los pintores del renacimiento, me llevó unos años,

pintar como los niños me llevó toda la vida."

Pablo Picasso

"La falta de motivación por parte de los estudiantes es la consecuencia y

no la causa del problema".

Andreas Schleicher, Director del Informe PISA

XII. NORMATIVA DE REFERENCIA

Normativa estatal:

- Real Decreto 2093/1983, de 28 de julio, sobre traspaso de funciones y servicios de la Administración del Estado a la Comunidad Valenciana en materia de educación.

- Ley Orgánica 2/2006 de 3 de mayo, de Educación (LOE).

- Ley Orgánica 8/2013 de 9 de diciembre, para la Mejora de la Calidad Educativa (LOMCE).

Normativa autonómica:

- Ley Orgánica 5/1982, del 1 de julio, del Estatuto de Autonomía de la Comunidad Valenciana.

- Decreto 118/2007, de 27 de julio, del Consell, por el que se aprueba el Reglamento Orgánico y Funcional de la Conselleria de Educación

- Ley 10/2010, de 9 de julio, de Ordenación y Gestión de la Función Pública Valenciana.

- Decreto 98/2011, de 26 de agosto, del Consell, por el que se aprueba el Reglamento Orgánico y Funcional de la Conselleria de Educación, Formación y Empleo.